1. Themen erschließen

1.1 Erschließungsfragen finden 3
1.2 Thesen und Antithesen formulieren 4

2. Zu Themen und Aussagen (Thesen) Argumente sammeln 6

2.1 Die Stoffsammlung zu Themen anlegen 6
2.2 Zu Aussagen (Thesen) Argumente formulieren 8
2.3 Argumente bewerten und ordnen 10

3. Von der Stoffsammlung zur Gliederung 13

3.1 Die Gliederung anfertigen 13
3.2 Ein Beispiel für eine Ausführung 16
3.3 Die lineare Erörterung 18

4. Argumente ausführen 21

4.1 Zu Argumenten Beweise formulieren 21
4.2 Argumente durch Beispiele veranschaulichen 24
4.3 Unterschiedliche Arten Argumente aufzubauen 27
4.4 Mögliche Gegenargumente in eine Argumentation einbeziehen 30
4.5 Zusammenhängend und sprachlich angemessen argumentieren 34

5. Die Erörterung schreiben 40

5.1 Die Einleitung schreiben 40
5.2 Im Hauptteil zwischen These und Antithese abwägen 42
5.3 Den Schluss schreiben 45

6. Zusammenfassung: Das solltest du über die Erörterung wissen 49

7. Übungsthemen 50

Dieser Kasten enthält **Sachinformationen**, die dir helfen die Aufgaben zu bearbeiten.

Dieses Symbol bedeutet, dass sich die nebenstehende Aufgabe besonders gut für **Partner-** oder **Gruppenarbeit** eignet.

2. Auflage 1998 R E

Druck 03 02 01

Die letzte Zahl bezeichnet das Jahr des Drucks.

Umschlaggestaltung: Zembsch Werkstatt, München
Lektorat: Annette Rose
Herstellung: Eva Fink
Satz: Satz + Repro Falkner GmbH, Inning
Druck: grafik + druck GmbH, München

ISBN 3-486-**87002**-5

1. Themen erschließen

1.1 Erschließungsfragen finden

Wenn du ein Thema erörterst, bedeutet das, dass du dich mit einem Problem oder einer Frage sachlich auseinander setzt. Dazu ist es nötig, Vor- und Nachteile des im Thema angesprochenen Sachverhalts gründlich zu beleuchten, um anschließend (nach einer „Debatte mit dir selbst“) zu einem wirklich begründeten Urteil zu gelangen.
Zunächst solltest du also überlegen, ob du das Thema und seine Hintergründe verstanden hast. Dafür formulierst du am besten Fragen, die dir helfen das Thema zu erschließen.

Beispiel: Ist der Leistungssport in seiner heutigen Form noch zu befürworten?

Diese Fragen können dir das Thema erschließen:
- Was bedeutet der Begriff „Leistungssport“? (Abgrenzung von Begriffen wie „Breitensport“ oder „Freizeitsport“)
- Welche Veränderungen im Bereich Leistungssport gibt es (im Vergleich zu früher)?
- Welche Probleme wirft der Leistungssport in seiner heutigen Form auf? Welche Erscheinungen werden kritisiert?
- Wer ist von dieser Fragestellung betroffen?

1 Formuliere erschließende Fragen zu folgenden Themen:

Thema: Sind Auslandsfahrten in der Oberstufe sinnvoll?

Erschließende Fragen:

Wer ist von dieser Frage betroffen?

Was bedeutet der Begriff „Auslandsfahrt“?

Thema: Sollte man in einen Sportverein eintreten?

Erschließende Fragen:
z. B.

Welche weiteren Möglichkeiten gibt es, Sport zu treiben?

1.2 Thesen und Antithesen formulieren

Als nächsten Schritt solltest du die Thesen formulieren um deutlich zu machen, mit welchen Standpunkten du dich auseinander setzen willst.

Eine **These** ist eine **Behauptung/Aussage,** die mit der sich anschließenden Argumentation bewiesen werden soll.
Sie kann als
- Tatsachenbehauptung („Sportliche Betätigung ist gesundheitsfördernd."),
- Vorschlag bzw. Anregung („Die Schüler könnten an der Gestaltung des Schullebens stärker beteiligt werden."),
- Forderung („Werbung für alkoholische Getränke sollte verboten werden!") formuliert sein.

Gründe, die eine These stützen, nennt man **Argumente**.

Beispiele

Thema: Ist sportliche Betätigung gesundheitsfördernd?

Dieses Thema ist als Entscheidungsfrage formuliert. Auf eine solche Frage gibt es zwei mögliche Antworten: Die Frage kann entweder bejaht oder verneint werden.
Diese gegensätzlichen Antworten auf die Themafrage nennt man **These** und **Antithese** (Gegenthese).

Die *These* lautet nun beispielsweise:
Sportliche Betätigung hat gesundheitsfördernde Auswirkungen.

Die *Antithese* lautet dann:
Sportliche Betätigung kann die Gesundheit auch schädigen.

Tipp: Formuliere nicht so, dass These und Antithese sich gegenseitig ausschließen.

Thema: Sollten Jugendliche einem Sportverein beitreten?

Fehlerbeispiel:
These: Jugendliche sollten einem Sportverein beitreten.
Antithese: Jugendliche sollten keinem Sportverein beitreten.

Hier schließen sich These und Antithese gegenseitig aus und können daher kaum überzeugend begründet werden.

Besser ist folgende Möglichkeit:
These: Es spricht einiges dafür, dass Jugendliche einem Sportverein beitreten sollten.
Antithese: Es gibt aber auch Argumente, die dagegen sprechen, dass Jugendliche einem Sportverein beitreten sollten.

Thema: Sollten die Schüler an der Gestaltung des Schullebens außerhalb des Unterrichts stärker beteiligt werden?

These und Antithese könnten hier lauten:
These: Es gibt Gründe, die dafür sprechen, dass Schüler stärker am Schulleben beteiligt werden sollten.
Antithese: Gegen eine stärkere Beteiligung der Schüler am Schulleben gibt es auch Einwände.

1 Formuliere nun in ganzen Sätzen zu den folgenden Themen jeweils These und Antithese.

Thema 1: Sollten Jugendliche einen eigenen Fernseher besitzen?

These: ______________________________

____

____

Antithese: ______________________________

____

____

Thema 2: Sind Auslandsfahrten in höheren Klassen sinnvoll?

These: ______________________________

____

____

Antithese: ______________________________

____

____

Thema 3: Empfiehlt es sich, eine Jugendzeitschrift zu abonnieren?

These: ______________________________

____

____

Antithese: ______________________________

____

____

Thema 4: Sollten Jugendliche per Anhalter zu Veranstaltungen fahren?

These: ______________________________

____

____

Antithese: ______________________________

____

____

2. Zu Themen und Aussagen (Thesen) Argumente sammeln

2.1 Die Stoffsammlung zu Themen anlegen

Um bei der Erörterung „in Gang zu kommen“, ist es sinnvoll, zunächst einmal ungeordnet alle Argumente zu sammeln, die dir zu einem Thema einfallen.

Tipp: Als Vorbereitung für die Stoffsammlung können dir Erschließungsfragen helfen, z. B.: Wer ist von dem Thema betroffen und könnte folglich Argumente vorbringen?

1 Lege zum folgenden Thema eine ungeordnete Stoffsammlung an.

Thema: Sind Auslandsfahrten in höheren Klassen sinnvoll?
(Tipp: Betroffene: Schuldirektor, Eltern, schlechter Schüler, guter Schüler, aufsichtführende Lehrer ...)

Argumente:

- Fremdsprachenkenntnisse vertiefen
- Unterrichtsausfall
- lustiges Gemeinschaftserlebnis
- Selbstständigkeit lernen
-
-
-
-
-
-
-
-
-
-
-
-
-
-
-
-
-
-

2 Nun musst du deine ungeordnete Stoffsammlung ordnen.
Überlege, welche deiner Argumente sprechen für, welche gegen die These. Überprüfe ihre Stichhaltigkeit.
Streiche unsachliche und nicht zum Thema gehörige Einfälle und ergänze die folgende Tabelle mit eigenen Ideen.

pro	contra
– fremde(s) Land/Stadt kennen lernen – in die Disko gehen – Fremdsprache sprechen – nichts lernen –	– lange Anreise – Abneigung gegen den Lehrer Müller – ohne Lehrer weniger beaufsichtigt – Unfallrisiko –

3 Lege zu folgenden Themen Stoffsammlungen nach dem vorigen Beispiel an. Streiche ebenfalls anschließend unsachliche und nicht zum Thema passende Einfälle.
Tipp: Falls dir nicht gleich etwas einfällt, kannst du dir auch bei diesen Themen zunächst die themaerschließenden Fragen überlegen.

Thema 1: Sollte man ein Haustier halten?

pro	contra
– Ein Haustier bringt Abwechslung in den Familienalltag. – Man lernt Verantwortung zu übernehmen.	– Es braucht ausreichenden Platz. – Urlaubsfahrten mit einem Haustier sind schwierig.

Thema 2: Sollten Schüler einen eigenen Fernseher besitzen?

pro	contra

4 Beurteile deine Arbeitsweise:
- Hilft dir die Stoffsammlung „in Gang zu kommen"?
- Hilft dir die aufgeschriebene Stoffsammlung oder hast du alles im Kopf?
- Hilft dir der Weg von der ungeordneten zur geordneten Stoffsammlung?
- Erscheint dir eine geordnete Stoffsammlung von Anfang an hilfreicher?

2.2 Zu Aussagen (Thesen) Argumente formulieren

Nachdem du bisher Argumente meist stichwortartig gesammelt hast, musst du sie nun auch aussagekräftig und in Sätzen formulieren.

Beispiel: These 1: Auslandsfahrten in höheren Klassen sind zu befürworten.

Argumente:
- Die Klassengemeinschaft wird gestärkt.
- Kontakte zu ausländischen Jugendlichen werden ermöglicht.

1a Formuliere nach diesem Beispiel in ganzen Sätzen weitere Argumente für diese These.

b Formuliere auch für die folgenden Thesen Argumente.

These 2: Ein Haustier zu halten bringt viele Nachteile mit sich.

– Der Tagesablauf der Familie muss auf den Lebensrhythmus des Tieres abgestimmt werden.

These 3: Es ist vorteilhaft, wenn Jugendliche einen eigenen Fernseher besitzen.

These 4: Jugendliche sollten möglichst frühzeitig den Führerschein erwerben.

2 Wenn du noch weiterüben willst:
Lege in deinem Heft Stoffsammlungen zu den Themen 1–4 (S. 5) an und formuliere dann deine Argumente stichhaltig.

2.3 Argumente bewerten und ordnen

Um die These wirksam zu stützen solltest du **aussagekräftige** und **thesenbezogene** Argumente auswählen. Sie dürfen nicht unsachlich formuliert sein oder auf rein subjektiven Erfahrungen beruhen, die nicht allgemein gültig sind.
In der Regel empfiehlt es sich, innerhalb einer Argumentationsreihe die Argumente **steigernd** anzuordnen (das gewichtigste Argument als letztes); das steigert die Überzeugungskraft der gesamten Argumentation. Bei der Anordnung der Argumente sollte beachtet werden, dass sie in einem **sinnvollen inhaltlichen Zusammenhang** stehen. Das erleichtert später das Schreiben einer zusammenhängenden Ausführung.

1a Welche der folgenden Argumente sind untauglich (unsachlich oder nur auf privaten Erfahrungen beruhend)? Streiche sie durch.

These: Es ist sinnvoll, in einen Sportverein einzutreten.

Mögliche Argumente:
- In einem Sportverein findet man gute Kameraden. ( )
- Wer im Sport etwas erreichen will, braucht die Förderung durch ausgebildete Trainer. ( )
- Mir macht das ganze Vereinsleben Spaß. ( )
- Manche Sportarten kann man nur im Verein betreiben. ( )
- Auf unserem Vereinsgelände befindet sich sogar eine hervorragende Kneipe. ( )
- Die Mitgliedsbeiträge sind viel billiger als private Trainerstunden. ( )
- Unser Trainingsgelände kann ich in fünf Minuten erreichen. ( )
- Man wird dazu angehalten, regelmäßig zu trainieren. ( )

b Argument 3 ist sachlich nicht falsch, aber unglücklich formuliert, denn es basiert auf einer Einzelerfahrung. Formuliere es besser, so dass es als allgemein gültiges Argument dient:

____

____

c Finde nach Möglichkeit weitere aussagekräftige Argumente! Ordne dann alle nach ihrem Gewicht und nummeriere sie.

____

____

____

____

2a Formuliere zur folgenden These mögliche Argumente als Stoffsammlung.

These: Auf unangekündigte Probearbeiten sollte in der Schule völlig verzichtet werden.

b Streiche anschließend die Einfälle durch, die für eine Argumentation ungeeignet sind.

c Ordne die verbleibenden Argumente nach ihrem Gewicht. Dies geht besonders schnell, wenn du sie durchnummerierst und dabei mit dem unwichtigsten beginnst.

– Schüler reagieren in solchen Situationen sehr nervös und können oft deswegen keine guten Leistungen erbringen.

3 Formuliere auch zu den folgenden Aussagen Argumente, streiche anschließend ungeeignete aus und ordne die verbleibenden nach ihrem Gewicht, indem du sie entsprechend nummerierst.

These 1: Klassenfahrten, die mit einem Skikurs verbunden sind, sind eine sinnvolle schulische Einrichtung.

These 2: Rauchen in der Öffentlichkeit sollte generell verboten sein.

These 3: Es ist für Jugendliche vorteilhaft, an einem Tanzkurs teilzunehmen.

These 4: Es ist für Jugendliche vorteilhaft, in der Großstadt zu leben.

3. Von der Stoffsammlung zur Gliederung

3.1 Die Gliederung anfertigen

Es ist sinnvoll, dass du nach der Stoffsammlung eine **Gliederung** anfertigst. Die Gliederung hilft dir zu einer **gedanklich logischen** und **überlegten Argumentation** zu kommen. Dem Leser bietet die Gliederung einen ersten **Überblick** über den Verlauf der Argumentation.
Du kommst zu deiner Gliederung, indem du deine Stoffsammlung nach folgenden Gesichtspunkten weiter ordnest:

A Inhaltspunkte für die Einleitung

B, I. Argumente für die These, die du nicht vertrittst (= Antithese, Gegenthese)
Am geschicktesten ist es, wenn du mit dem stärksten Argument für die Gegenthese beginnst, d.h. mit dem Argument, das am kräftigsten für sie spricht.
II. Argumente für die These, die du vertrittst (= These)
Hier beginnst du mit dem schwächsten Argument.
III. Aspekte für die Abwägung

C Inhaltspunkte für den Schluss

Schaubild 1:
Teil I und II einer Erörterung

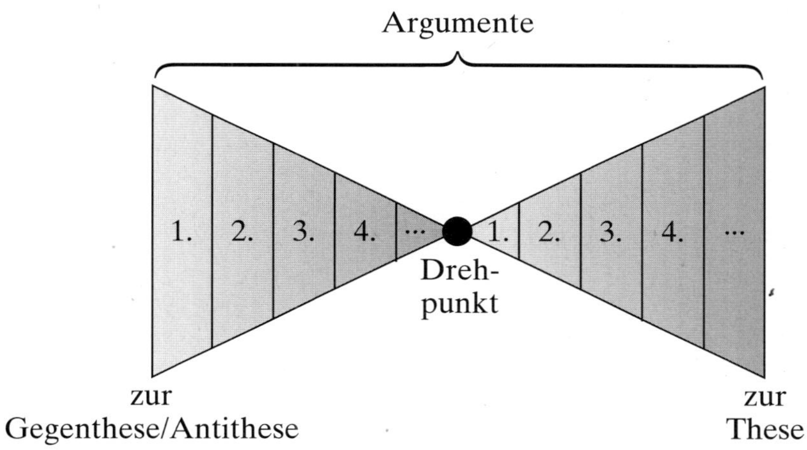

Tipp: Schreibe die Gliederung entweder in kurzen, vollständigen Sätzen oder in aussagekräftigen Stichworten. In der folgenden Tabelle findest du zur Orientierung links ein Gliederungsschema und rechts eine Beispielgliederung.

Thema: Ist es zu befürworten, dass Jugendliche per Anhalter zu Veranstaltungen fahren?

Schema:	Gliederung:
A Einleitung	A Meine Freundin fährt meist per Anhalter in die Diskothek.
B Hauptteil, eingeleitet durch Thema-/ bzw. Erschließungsfrage	B Ist es zu befürworten, dass Jugendliche per Anhalter zu Veranstaltungen fahren?
I. Antithese/Gegenthese	I. Es gibt Argumente, die dafür sprechen, dass Jugendliche per Anhalter fahren.
1. Argument	1. Man ist unabhängig a) von den Fahrdiensten der Eltern, b) von den öffentlichen Verkehrsmitteln.
2. Argument	2. Man benötigt kein Fahrgeld.
3. Argument	3. Man lernt die unterschiedlichsten Leute kennen.
II. These	II. Das Fahren per Anhalter bringt auch Nachteile mit sich.
1. Argument	1. Oft gelangt man nicht direkt an das gewünschte Ziel.
2. Argument	2. Man muss lange Wartezeiten am Straßenrand in Kauf nehmen.
3. Argument	3. Das Fahren per Anhalter bringt nicht kalkulierbare Gefahren mit sich.
III. Synthese (Abwägung)	III. Nur unter folgenden Bedingungen ist das Fahren per Anhalter für Jugendliche vertretbar.
1. Aspekt	1. Man sollte nur in echten Notfällen per Anhalter fahren.
2. Aspekt	2. Man sollte möglichst nicht alleine per Anhalter fahren.
3. Aspekt	3. Nach Möglichkeit sollte man nur mit Bekannten oder mit Familien mitfahren.
C Schluss	C Ich fahre lieber mit dem Bus als per Autostopp.

Tipp: Dir wird im Folgenden auffallen, dass häufig pro These drei Argumente angeführt werden. Du kannst natürlich auch mehr oder weniger Argumente anführen, grundsätzlich solltest du dich aber lieber auf wenige Thesen beschränken und diese dafür sorgfältig ausführen.

1 Vervollständige folgende Gliederungen.

Thema 1: Ist es sinnvoll, das Gymnasium schon nach der 10. Klasse zu verlassen?

A (Einleitung) Diskussion mit einer Freundin über deren Entschluss, das Gymnasium nach der 10. Klasse zu verlassen

B (Thema) Erörterung der Frage, ob ... ____________________

____

I. (Antithese, Gegenthese) ____________________

1. (Argument) Frühere Unabhängigkeit von den Eltern

2. (Argument) ____________________

3. (Argument) ____________________

II. (These) Vorteile des Schulabschlusses mit dem Abitur

1. (Argument) ______________________________

2. (Argument) Bessere berufliche Aufstiegschancen mit Abitur

3. (Argument) ______________________________

III. (Synthese) Vorzeitiges Verlassen des Gymnasiums nur unter folgenden Bedingungen sinnvoll:

1. (Aspekt) Ansprechende berufliche Alternative

2. (Aspekt) ______________________________

C (Schluss) Ratschlag an Freundin: auf der Schule bleiben

Thema 2: Sollten sich Jugendliche ein Mofa anschaffen?

A Geburtstagswunsch: ein Mofa

B ______________________________

I. ______________________________

1. Unabhängigkeit von

a) öffentlichen Verkehrsmitteln

b) ______________________________

2. ______________________________

3. ______________________________

II. Argumente gegen die Anschaffung eines Mofas

1. hohe Kosten

a) Anschaffung

b) ______________________________

2. ______________________________

3. ______________________________

III. ______________________________

1. bei schlechter Verkehrsanbindung des Wohnorts

2. ______________________________

3. ______________________________

C persönliche Entscheidung: Anschaffung eines Mofas

2 Bei dieser Gliederung stimmt etwas noch nicht. Was ist hier falsch? Zur Erinnerung kannst du dazu noch einmal die Information auf S. 13 lesen.

A Ich wünsche mir zum Geburtstag ein Mofa.
B Erörterung der Frage, ob sich Jugendliche ein Mofa anschaffen sollten
  I. Ein Mofa bringt Jugendlichen viele Vorteile.
    1. Unabhängigkeit von
      a) öffentlichen Verkehrsmitteln
      b) Man muss die Eltern nicht mehr für Fahrdienste beanspruchen.
    2. Zeitersparnis
    3. Bequemlichkeit im Vergleich zum Fahrrad
    4. Man kann damit zusätzliche Möglichkeiten der Freizeitgestaltung wahrnehmen.
  II. Gründe, die gegen die Anschaffung eines Mofas sprechen:
    1. Ein Mofa verursacht hohe Kosten
      a) in der Anschaffung
      b) Auch der Unterhalt ist teuer.
    2. Hohes Unfall- und Verletzungsrisiko
    3. Ein Mofa wird meistens nur für einige Jahre angeschafft.
    4. Hohe Belastung der Umwelt durch Abgase
  III. Ein Mofa ist für Jugendliche nur unter folgenden Bedingungen eine sinnvolle Anschaffung:
    1. Bei schlechter Verkehrsanbindung des Wohnorts
    2. Bei vernünftiger und risikobewusster Fahrweise
    3. Man sollte das Mofa nur benutzen, wenn es wirklich nötig ist.
C Persönliche Entscheidung: Anschaffung eines Mofas

Fehler: ____

3 Vergleiche deine Gliederung mit derjenigen aus Aufgabe 2. Welche Argumente gleichen sich? Hast du wichtige Argumente vergessen?

3.2 Ein Beispiel für eine Ausführung

1 Hier findest du eine Ausführung zur Beispielgliederung von S. 14 (Thema: Ist es zu befürworten, dass Jugendliche per Anhalter zu Veranstaltungen fahren?).

a Ergänze am Rand der folgenden Erörterung die entsprechenden Gliederungsziffern.

Nicht selten habe ich Schwierigkeiten, wenn ich am Wochenende in die Diskothek fahren möchte. Meine Freundin Carola allerdings kommt meist per Anhalter und gelangt auch auf diese Art wieder nach Hause. Sie hat mich schon oft gefragt, ob ich nicht auch lieber per Autostopp zu unseren Verabredungen kommen möchte.
Daher möchte ich im Folgenden erörtern, ob es zu befürworten ist, wenn Jugendliche per Anhalter zu Veranstaltungen fahren. Bekannte, die oft per Autostopp unterwegs sind, stellen folgende Vorteile heraus:
Zunächst ist man, wenn man per Anhalter fährt, unabhängig von den Fahrdiensten der Eltern. Sonst muss man mit ihnen ja immer einen genauen Zeitpunkt für das Bringen und das Abholen vereinbaren. Gerade wenn man von einer Veranstaltung abgeholt wird, kann es störend sein, wenn man von einem festen Termin abhängig ist. Zudem haben die Eltern gerade am Abend oder an Wochenenden nicht immer Zeit oder Lust, einen zu Veranstaltungen zu fahren oder spät abends noch abzuholen. Wenn ich dagegen per Anhalter von der Disko nach Hause fahren würde, müsste meine Mutter z. B. nicht mehr so lange aufbleiben um mich abzuholen.
Weiterhin ist man so auch von den Fahrzeiten der öffentlichen Verkehrsmittel unabhängig.

Nun kann man zwar einwenden, dass Busse und Bahnen in Städten auch abends und nachts noch regelmäßig fahren, aber in ländlichen Gebieten ist dies zu selten der Fall.
Ich selbst wohne 10 km außerhalb der Stadt und hier sind die Busverbindungen am Abend und an den Wochenenden sehr schlecht. Somit wäre das Fahren per Autostopp eine Möglichkeit, auch dann noch nach Hause zu kommen, wenn Eltern oder Busse nicht mehr zur Verfügung stehen.
Darüber hinaus haben Jugendliche meist wenig Geld zur Verfügung und viele Freizeitveranstaltungen sind ohnehin recht teuer.
Allein der Eintritt in die Eissporthalle, in der ich zweimal wöchentlich bin, reißt jedesmal ein großes Loch in meinen Geldbeutel.
Da ist das Fahren per Anhalter nicht zuletzt auch eine Möglichkeit Geld zu sparen.
Schließlich kann man dadurch die unterschiedlichsten Leute kennen lernen, denn wenn man von jemandem mitgenommen wird und eine Zeit lang in seinem Auto mitfährt, ergibt sich ein Gespräch fast von alleine.
Carola erzählt mir oft von sehr interessanten und netten Leuten, die sie auf diese Weise kennen gelernt hat.
Demgegenüber führen beispielsweise meine Eltern aber auch gewichtige Nachteile an um mich vom Fahren per Anhalter abzuhalten.
Zum einen gelangt man oft nicht direkt an das gewünschte Ziel. Man ist ja auf die Fahrtroute des Fahrers angewiesen und so wird man oft nur in die Nähe des Ortes, den man erreichen möchte, gebracht und muss noch einen Teil des Weges zu Fuß zurücklegen.
Ein Freund hat mir in diesem Zusammenhang erzählt, dass er von Autofahrern oft schon am Bahnhof abgesetzt wurde und dann noch einen 15-minütigen Fußweg zu seiner Wohnung hatte.
Zudem muss man oft lange Wartezeiten in Kauf nehmen, bis man von einem Autofahrer mitgenommen wird. Viele Autos sind schon mit 3–4 Personen besetzt, andere haben ein ganz anderes Fahrtziel und wieder andere Fahrer nehmen prinzipiell keine Anhalter mit und fahren deshalb vorbei.
Carola kam beispielsweise am letzten Samstag eine ganze Stunde zu spät zu unserer Verabredung in die Disko, weil sie so lange am Straßenrand gestanden hatte, bis sie jemand mitnahm.
Der gewichtigste Einwand gegen das Fahren per Anhalter bezieht sich jedoch auf die damit verbundenen Gefahren.
Jeder hat wohl schon von Anhaltern oder Anhalterinnen gelesen, die Opfer eines Raub- oder Sittlichkeitsverbrechens geworden oder einem solchen nur mit knapper Not und viel Glück entgangen sind. Diese Gefahr ist nicht zu unterschätzen, denn man sieht den Menschen, zu denen man ins Auto steigt, nicht an, welche Absichten sie haben. Dies müssen auch diejenigen meiner Bekannten einräumen, die manchmal behaupten, nur mit „vertrauenerweckenden" Leuten mitzufahren.
Erst neulich stand ein Bericht über einen Mord an einer jugendlichen Anhalterin in unserer Zeitung, der bis heute nicht geklärt ist.
Gerade wegen solcher Vorkommnisse wendet sich die Polizei regelmäßig an die Öffentlichkeit und rät dringend davon ab, per Anhalter zu fahren.
Aus den genannten Argumenten geht hervor, dass es im Allgemeinen nicht zu befürworten ist, wenn Jugendliche versuchen Veranstaltungen per Anhalter zu erreichen.
Zumindest sollte dies nur unter ganz bestimmten Voraussetzungen geschehen.
So ist das Fahren per Autostopp in Ausnahmesituationen akzeptabel. Wenn man beispielsweise mit einem defekten Mofa am Straßenrand liegen geblieben ist und kein Bus geht oder man den letzten Bus verpasst hat, zudem weder die Eltern noch Bekannte erreichbar sind, kann dies möglicherweise der letzte Ausweg sein um nach Hause zu gelangen.
Aber selbst dann sollte man darauf achten, dass man nie alleine mit einem Autofahrer mitfährt. Wenn man zu zweit ist, ist das Risiko zumindest etwas geringer einem Verbrechen zum Opfer zu fallen.
Außerhalb dieser Notsituationen ist das Fahren per Autostopp nur dann vertretbar, wenn man mit Leuten mitfährt, die man kennt. Gerade wenn man aus einer ländlichen Gegend in die Stadt mitgenommen werden will, ist es ja durchaus möglich, dass man Autofahrer trifft, die man vom eigenen Dorf her kennt. Ansonsten sollte man lieber einige Einschränkungen bei den Freizeitaktivitäten auf sich nehmen, als sich auf eine solch unsichere Art der Fortbewegung zu verlassen.
Ich selbst jedenfalls fahre auch weiterhin lieber mit dem Bus in die Stadt, selbst wenn ich deshalb einmal eine Veranstaltung etwas früher verlassen muss, als mir lieb ist.

b Welche Abschnitte der Ausführung sind in der Gliederung nicht vorhanden? Welche Aufgaben haben sie?

3.3 Die lineare Erörterung

Die Themenstellung bisher lautete: Sollten sich Jugendliche ein Mofa anschaffen? (= Thema 1) Nun könnte man auch folgende Frage stellen: Inwiefern ist ein Mofa für einen Jugendlichen eine sinnvolle Anschaffung? (= Thema 2)

1 Wodurch unterscheiden sich die beiden Aufgabenstellungen?

Thema 1 verlangt, dass ich

Thema 2 verlangt, dass ich

Es gibt zwei unterschiedliche Formen der Erörterung: die **dialektische** und die **lineare** Erörterung. Die **steigernde** oder **lineare** Erörterung zielt nicht auf eine Abwägung zwischen gegensätzlichen Positionen, sondern verlangt vom Schreiber, sich in eine bestimmte Position hineinzudenken und für sie zu werben. Bei dieser Form der Erörterung ist es möglich, dass das Thema vom Verfasser verlangt, sich auch in Meinungen und Denkweisen anderer hineinzuversetzen.
Themen für eine lineare Erörterung sind beispielsweise: „Welche Möglichkeiten hat der Einzelne, sich für die Umwelt einzusetzen?“ oder „Warum sollten Jugendliche einem Sportverein beitreten?“

2 Formuliere die Themen auf S. 9 zu linearen Themen um.

Thema 1:

Thema 2:

3 Im Folgenden findest du eine Beispielgliederung für lineare Erörterungen. Worin unterscheidet sich eine solche Gliederung von einer Gliederung für dialektische Fragestellungen? Als Hilfestellung kannst du dir noch einmal die Gliederung auf S. 14 ansehen.

Thema: Erörtere Ursachen und Folgen der Lesemüdigkeit von Jugendlichen.

Schema:	Gliederung:
A Einleitung	A Umfrage in der Klasse über Lesegewohnheiten der Schüler
B Hauptteil, eingeleitet durch Themafrage	B Ursachen und Folgen der Lesemüdigkeit von Jugendlichen
I. Oberpunkt	I. Ursachen
1. Argument	1. Fehlende Leseerziehung durch die Eltern
2. Argument	2. Hoher Zeitaufwand beim Lesen
3. Argument	3. Attraktivität anderer Medien
II. Oberpunkt	II. Folgen
1. Argument	1. Negative Auswirkungen auf das sprachliche Ausdrucksvermögen
2. Argument	2. Fehlender Zugang zu einem wesentlichen Träger der Kultur
3. Argument	3. Fehlende Impulse für Kreativität und Fantasie
C Schluss	C Forderung: weiterhin Leseförderung durch die Schule nötig

4a Ordne in der unter b abgedruckten Gliederung den vorgegebenen Gliederungspunkten jeweils drei passende Argumente aus dem folgenden Speicher als Unterpunkte zu.

Speicher möglicher Argumente:
kommunales Wahlrecht für ausländische Mitbürger – Förderkurse in deutscher Sprache – Berichterstattung über die Lebenssituation von Gastarbeitern – Information im Unterricht über fremde Kulturen – leichterer Zugang zur deutschen Staatsbürgerschaft – Mitgliedschaft und Mitarbeit in deutsch-ausländischen Kulturvereinen – Unterrichtsprojekte zur Situation ausländischer Mitbürger – Stellungnahme gegen ausländerfeindliche Äußerungen im Bekanntenkreis – Medienkampagnen gegen Ausländerfeindlichkeit – Aufbau privater Kontakte zu Ausländern – Bekämpfung ausländerfeindlicher Gruppierungen – vorurteilsfreie Information

b Formuliere Alternativen für Einleitung und Schluss (vgl. Kapitel 5.1 und 5.3).

Thema: Wie können Ausländer in Deutschland besser integriert werden?

A Zunehmende Ausländerfeindlichkeit in Deutschland

Alternative Einleitung: ____

____

____

____

____

____

____

____

____

B Möglichkeiten einer besseren Integration von Ausländern in Deutschland

I. Möglichkeiten des Einzelnen

1. ______________________________

2. ______________________________

3. ______________________________

____

II. Möglichkeiten der Schule

1. ______________________________

2. ______________________________

3. ______________________________

____

III. Forderungen an die Medien

1. ______________________________

2. ______________________________

3. ______________________________

____

IV. Forderungen an die Politik

1. ______________________________

2. ______________________________

3. ______________________________

____

C Besondere Verantwortung Deutschlands für ausländische Mitbürger angesichts der deutschen Geschichte

Alternativer Schluss: ______________________________

____

____

____

____

____

____

____

4. Argumente ausführen

Beispiel
These: In Wohngebieten sollte Tempo 30 als Höchstgeschwindigkeit gelten.
Argument: Das Unfallrisiko wird durch die niedrigere Geschwindigkeit der Fahrzeuge gemindert.

In einer Erörterung wirkt das einzelne Argument an sich noch nicht überzeugend: Seine Überzeugungskraft gewinnt es erst, wenn es durch **Beweise** gestützt und durch **Beispiele** veranschaulicht wird.

Als **Beweise** können dienen:

a) Überprüfbare Beobachtungen oder Tatsachen **(Praxisbeweise)**:
Bei einer geringeren Geschwindigkeit verringert sich auch der Bremsweg der Fahrzeuge und damit die Unfallgefahr.

b) Einleuchtende eigene Beobachtungen und Erfahrungen **(Evidenzbeweise)**:
Die allgemeine Erfahrung zeigt, dass sich bei Tempo 30 weniger Unfälle ereignen.

c) Rückschlüsse aus leicht verständlichen Tatsachen oder Ereignissen **(Analogiebeweise)**:
Selbst beim Radfahren erhöht sich das Unfallrisiko mit zunehmender Geschwindigkeit.

d) Berufung auf anerkannte Werte und Normen oder Gesetze **(normative Beweise)**:
Die Straßenverkehrsordnung schreibt vor, dass ein Verkehrsteilnehmer jederzeit angemessen auf mögliche Hindernisse reagieren können muss. Dazu ist er aber bei einer höheren Geschwindigkeit oft nicht in der Lage.

e) Aussagen von Fachleuten, statistische Erhebungen u.a. **(Autoritätsbeweise)**:
Die Forderung nach der Einführung von Tempo-30-Zonen wird von allen Fachleuten auch mit der Reduzierung des Unfallrisikos begründet.

4.1 Zu Argumenten Beweise formulieren

1 Hier sind Thesen, Argumente und einige Beweise vorgegeben. Schreibe in die Klammer, um welche Beweisart es sich jeweils handelt.

1. These: Es ist sinnvoll, dass Jugendliche in einen Sportverein eintreten.
Argument: Sportliche Betätigung ist gesund.
Beweise:

1. Regelmäßige sportliche Betätigung stärkt den Kreislauf und das Allgemeinbefinden. (____________________)

2. Menschen, die ihr Leben lang Sport getrieben haben, sind auch im Alter gesünder und beweglicher als Nichtsportler. (____________________)

3. Durch verschiedene wissenschaftliche Untersuchungen ist nachgewiesen worden, dass sportliche Betätigung das Risiko von Herz- und Kreislauferkrankungen mindert. (____________________)

4. Auch in der Schule ist Sport ein verpflichtendes Unterrichtsfach, das zur Förderung der Gesundheit der Schüler eingerichtet wurde. (____________________)

5. Da Haltungsschäden gehäuft als Folge von Bewegungsmangel auftreten, sollten gerade junge Leute regelmäßig auf sportliche Betätigung achten. (____________________)

2 Überlege: Welche Verbindung von Argument und Beweis in Aufgabe 1 hältst du für besonders überzeugend?

Begründung: ______________________________

____

3 Bestimme die Art des vorgegebenen Beweises für das folgende Argument und formuliere für dieses Argument weitere Beweise.

Argument: Die Mitgliedschaft im Sportverein fördert wichtige soziale Verhaltensweisen und Einstellungen.

Beweise:

1. Gerade bei Mannschaftssportarten ist es nötig, dass der einzelne Sportler seinen persönlichen Ehrgeiz zurückstellt und sich in die Mannschaft einordnet, da nur so Erfolge möglich sind. (______________)

2. ______________________________

3. ______________________________

4. ______________________________

Tipp: Du musst beim Erörtern nicht für jedes Argument mehrere Beweise anführen. Du solltest in der Beweisführung jedoch abwechseln können. Dazu dient diese Übung.

4 Finde für das folgende Argument weitere mögliche Beweise und formuliere diese überzeugend. Überlege dir dabei die Wirkung auf den Leser: Führt dein Beweis wirklich dazu, dass das Argument akzeptiert wird?

These: Auslandsurlaube bringen viele Vorteile mit sich.
Argument: Das Kennenlernen anderer Kulturen trägt zum Verständnis zwischen Menschen aus unterschiedlichen Ländern bei.

Beweise:

1. Regelmäßige Begegnungen zwischen deutschen und französischen Jugendlichen innerhalb des Jugendaustausches haben mit dazu beigetragen, dass sich das Verhältnis der beiden ehemals verfeindeten Nationen verbessert hat.

2. ______

______

______

3. ______

______

______

4. ______

______

______

5 Schreibe unter die folgenden Beweise, um welche Art von Beweis es sich jeweils handelt, und formuliere einen weiteren Beweis.

These: Auch als Schüler sollte man regelmäßig die lokale Tageszeitung lesen.
Argument: Durch die regelmäßige Lektüre einer Tageszeitung kann man sich besser über aktuelle Probleme in der eigenen Gemeinde informieren.

Beweise:
1. Wer regelmäßig den Lokalteil seiner Zeitung liest, weiß nach einiger Zeit gut über aktuelle politische Streitfragen oder anstehende Entscheidungen in seiner Gemeinde Bescheid, da diese in der Zeitung ausführlich behandelt werden.

______

2. Wenn jemand regelmäßig Nachrichtensendungen schaut, kann er sich zwar einen Überblick über das politische Geschehen in Deutschland und der Welt verschaffen. Für die Information über das Geschehen in der eigenen Stadt braucht man hingegen eine Tageszeitung.

______

3. Viele Lehrer bestätigen, dass Schüler, die eine Tageszeitung lesen, im Unterricht Beispiele und Informationen aus ihrer Gemeinde anführen können.

______

4. ______

______

______

______

______

______

______

6 Folgende Beweise zu diesem Argument (vgl. Aufgabe 5) sind nicht überzeugend. Überlege dir den Grund und verbessere die Beweisführung.

1. Durch die Lektüre einer lokalen Tageszeitung wird man ständig darüber informiert, welche Gesetze und Vorhaben die Bundesregierung verwirklichen möchte.

____

____

____

____

2. Auch ich lese gern in der Zeitung nach, welcher Film in welchem Kino läuft.

____

____

____

____

4.2 Argumente durch Beispiele veranschaulichen

Die Überzeugungskraft der Argumentationsführung wird dadurch gesteigert, dass die Argumente nicht nur durch Beweise gestützt, sondern nach Möglichkeit auch durch **Beispiele** aus dem persönlichen oder allgemein zugänglichen Erfahrungsbereich veranschaulicht werden.

These: In der Großstadt zu leben hat für Jugendliche Vorteile.

Argument: Es gibt hier die verschiedensten Möglichkeiten der Freizeitgestaltung.

Beweis: Jugendlichen werden in der Großstadt zahlreiche Angebote zur sportlichen Betätigung gemacht.

Beispiel: Meine Freundin Petra, die eine begeisterte Eistänzerin ist, wohnt in München. Hier hat sie die Möglichkeit, ihren Sport in einem Verein zu betreiben, der auch über ausgezeichnete eigene Trainingsstätten verfügt.

Beispiele sind also konkrete Einzelfälle, die dazu dienen, das Argument durch wirkliche Ereignisse/Erfahrungen abzusichern. Ein bloßes Beispiel kann folglich einen Beweis nicht ersetzen.
Eine ähnliche Funktion erfüllen auch **Belege** (statistische Erhebungen, Umfrageergebnisse, vergleichbare historische Entwicklungen), sofern sie zur Verfügung stehen.

Tipp: Man sollte darauf achten, dass das Beispiel (bzw. der Beleg) wirklich auf das Argument bezogen und glaubhaft ist; konstruiert wirkende oder gar erfundene Beispiele und Belege sollte man besser vermeiden.

1 Beurteile folgende Beispiele zu dem auf S. 21 genannten Argument und Beweis. Welche wirken überzeugend, welche nicht? Begründe dein Urteil kurz.

1. Bei uns in Unterafferbach gibt es beispielsweise keinen einzigen Sportverein.

Ja / Nein, weil ______________________________

____

2. In vielen größeren Städten werden in den Ferien attraktive und meist sogar kostenlose Sportprogramme für Schüler angeboten.

Ja / Nein, weil ______________________________

____

3. Mein Brieffreund Jens aus Stuttgart ist Mitglied in einem Fußballverein.

Ja / Nein, weil ______________________________

____

2 Führe zu folgenden Thesen jeweils ein Argument aus, formuliere dazu einen treffenden Beweis und veranschauliche ihn durch ein Beispiel.

These: Lesen ist für Jugendliche eine wichtige Freizeitbeschäftigung.

Argument:

Beim Lesen kann man seine Fantasie spielen lassen ...

____

____

Beweis:

____

____

____

____

Beispiel:

____

____

____

____

These: Auch ein Urlaub im eigenen Land kann interessant sein.

Argument:

Beweis:

Beispiel:

These: Umweltschutz ist heute eine der wichtigsten gesellschaftlichen Aufgaben.

Argument:

Beweis:

Beispiel:

These: Trotz der neuen Kommunikationsmöglichkeiten sollte man auf das Schreiben von persönlichen Briefen nicht völlig verzichten.

Argument:

Beweis:

Beispiel:

4.3 Unterschiedliche Arten Argumente aufzubauen

Es wirkt abwechslungsreicher, wenn nicht alle Argumente nach dem gleichen gedanklichen Muster entwickelt werden.
Die bisher eingeübte Argumentationsstruktur (Reihenfolge: These – Argument – Beweis – Beispiel) nennt man **deduktiv**.
Eine andere Verfahrensweise ist die **induktive** Argumentation: Ausgangspunkt ist hier das individuelle Beispiel; anschließend wird ausgeführt, was dieses beweist. Dann wird als Schlussfolgerung das Argument angeführt und dieses auf die These bezogen.

deduktive Argumentation	**induktive Argumentation**
Argument	Beispiel
↓	↓
Beweis	Beweis
↓	↓
Beispiel	Argument

A Induktive Argumentation:

Beispiel (**individuelle** Erfahrung):

Als ich neulich trotz einer schweren Erkältung in der Schule war, bekam ich eine schlechte Note in Leichtathletik, obwohl ich ansonsten ein guter Sportler bin.

Beweis/Begründung (**allgemein**):

Sportlehrer können bei Leistungsabnahmen auf die momentane körperliche Verfassung von Schülern in der Regel keine Rücksicht nehmen.

Argument (**Schlussfolgerung**):

Es zeigt sich also, dass Noten im Fach Sport häufig ungerecht sind, weil sie oft das echte Leistungsvermögen eines Schülers gar nicht ausdrücken.

These (**Behauptung, Forderung**):

Im Fach Sport sollten folglich überhaupt keine Noten gegeben werden.

B Deduktive Argumentation:

These:

Klassenfahrten ins Ausland sind eine sinnvolle Einrichtung.

Argument:

Durch Klassenfahrten ins Ausland können Schüler ihre Fremdsprachenkenntnisse verbessern.

Beweis:

Es ist erwiesen, dass das Erlernen einer Fremdsprache durch die Möglichkeit, die erworbenen Kenntnisse auch anzuwenden, wesentlich erleichtert wird. Bei Klassenfahrten ins Ausland ist man gezwungen sich in Alltagssituationen in der Landessprache zu verständigen.

Beispiel:

Als meine Schwester im letzten Schuljahr mit ihrer Klasse für zwei Wochen in England war, hat sie davon für das Fach Englisch profitiert: Auch ihre Lehrerin bestätigte, dass sich ihre Aussprache verbessert hat.

1 Vergleiche Aufbau und Wirkung beider Argumentationsformen.

2 Führe die folgenden Argumente in der induktiven Argumentationsform aus.

1. Beispiel:
   Ich selbst wohne in einer so abgelegenen Gegend, dass ich selbst zu meinen besten Freunden fast eine halbe Stunde zu Fuß brauchen würde.
   Mit dem Mofa erreiche ich sie dagegen in fünf Minuten.

Beweis:

Das Mofa ist grundsätzlich ...

Argument:

Ein Jugendlicher sollte ein Mofa besitzen, weil er dadurch leichter und einfacher ...

These: Deshalb ist ein Mofa für einen Jugendlichen eine sinnvolle Anschaffung.

2. Beispiel:
   Als meine Schwester im letzten Schuljahr mit ihrer Klasse für zwei Wochen in England war, hat sie für das Fach Englisch viel davon profitiert: Auch ihre Lehrerin bestätigte, dass sich ihre Aussprache verbessert hat.

Beweis: Daran sieht man, dass ...

Argument:

These: Klassenfahrten ins Ausland sind folglich eine sinnvolle Einrichtung.

3 Hier ist die Reihenfolge der Argumentationsbestandteile durcheinander geraten. Entscheide dich für die induktive oder die deduktive Argumentation, verbessere anschließend den Aufbau und formuliere zusammenhängend.

Thema: Ist Ferienarbeit für Schüler sinnvoll?

Argumentation: Meine Freundin Carolin hat in den letzten Sommerferien drei Wochen in einem Büro eine Aushilfstätigkeit verrichtet.
Dadurch hat sie einen großen Teil des Geldes für ihre neue Stereoanlage selbst verdienen können.
Durch einen Ferienjob können sich Jugendliche das Geld für größere Anschaffungen selbst verdienen.

Die meisten Jugendlichen haben Wünsche, die sie sich allein von ihrem Taschengeld nicht finanzieren können.

____

____

____

____

____

____

____

____

4.4 Mögliche Gegenargumente in eine Argumentation einbeziehen

Um zu einer differenzierten und ausgewogenen Argumentation zu gelangen, ist es manchmal nötig, mögliche **Gegenargumente** in den eigenen Argumentationsgang einzubeziehen, um diese dann zu entkräften oder zumindest einzuschränken.
Dies ist vor allem in der linearen Erörterung sinnvoll, da hier Gegenargumente nicht innerhalb der Argumentation der Antithese auftauchen.
In der dialektischen Erörterung können Gegenargumente vor allem dort aufgegriffen werden, wo es darum geht, die eigene Entscheidung vorzubereiten (z. B. innerhalb der Argumentation der Antithese, wo Argumente der These entkräftet werden können).

These: Ferienarbeit für Schüler ist sinnvoll.

Argument: Viele Ferienjobs bieten Schülern einen Ausgleich zur vorwiegend geistigen Tätigkeit während der Schulzeit.
Gegenargument: Bei der Ferienarbeit kann der Schüler körperlich überfordert werden.

Einbeziehen des Gegenarguments: Obwohl viele Eltern fürchten, dass ihre Kinder der ungewohnten körperlichen Belastung nicht gewachsen sind und sich überanstrengen, sollte man doch auch bedenken, dass eine vorwiegend körperliche Tätigkeit ein durchaus gesunder Ausgleich zur schulischen Tätigkeit sein kann.

1 Überlege dir zu folgenden Argumenten die möglichen Gegenargumente.

Argument: Durch einen Ferienjob kann man einen Einblick in die Arbeitswelt erhalten, die einen nach der Schulzeit erwartet.

Gegenargument: ________________________________

____

____

Argument: Wenn man in den Ferien in einem Betrieb arbeitet, lernt man Verantwortung zu übernehmen.

Gegenargument: ______________________________

____

2 Hier werden Argument und mögliches Gegenargument genannt. Verbinde beide in gedanklich stimmiger Form zu einem überzeugenden Argumentationsgefüge. Dazu ist es manchmal sinnvoll, die Argumente etwas umzuformulieren.

1. Argument: Die Mitarbeit bei einer Schülerzeitung gibt dem Schüler die Möglichkeit zur Mitgestaltung des Schullebens.

Gegenargument: Diese Mitarbeit erfordert viel Zeit, was sich negativ auf die nötige Unterrichtsvorbereitung und somit auch auf die schulischen Leistungen auswirken kann.

Argumentationsgefüge:

____

____

____

____

____

____

____

____

2. Argument: Wenn ein Jugendlicher ohne seine Eltern verreist, hat er die Möglichkeit zu lernen für sich selbst Verantwortung zu übernehmen.

Gegenargument: Im Ausland und bei unvorhergesehenen Situationen sind Jugendliche ohne ihre Eltern häufig überfordert.

Argumentationsgefüge:

____

____

____

____

____

____

____

____

____

3 Hier findest du verschiedene Möglichkeiten, wie das Gegenargument mit in die Argumentation einbezogen werden kann. Probiere es.

1. Argument: Gerade für Schüler, die zum ersten Mal einen Ferienjob annehmen, ist das Kennenlernen der Arbeitswelt eine ganz neue und auch wichtige Erfahrung, obwohl eingeräumt werden muss, dass auch die Gefahr besteht ...

2. Argument: Für die Beibehaltung schriftlicher Leistungsnachweise spricht auch, dass sie eine objektive Leistungsmessung über einen bestimmten Lehrstoff ermöglichen. Allerdings ...

3. Argument: Der Computer stellt für Schüler eine wichtige Hilfe beim Anfertigen schriftlicher Arbeiten dar. Obwohl eingewendet werden könnte, dass ...

... lassen sich schriftliche Hausaufgaben mit dem Computer formal ansprechender und durch die Verwendung von Korrekturprogrammen auch fehlerfrei anfertigen.

4 Finde auch für folgende Argumente das entsprechende Gegenargument und verbinde beide zu einem zusammenhängenden Argumentationsgang.

Tipp: Argument und Gegenargument müssen nicht in einem Satzgefüge verbunden werden. Du kannst auch mehrere Sätze bilden.

1. Argument: Das Abitur ermöglicht auch heute noch bessere berufliche Aufstiegschancen als andere Schulabschlüsse.

Gegenargument:

Einbeziehen des Gegenarguments:

2. Argument: Das Ablegen der Mittleren Reife bietet dem Jugendlichen die Möglichkeit früher finanziell unabhängig von den Eltern zu werden.

Gegenargument: ______________________________

____

____

____

Einbeziehen des Gegenarguments: ______________________________

____

____

____

____

____

____

____

5 Hier werden ein Argument und ein Gegenargument genannt, dann aber nicht geschickt zu einem Argumentationsgefüge verbunden. Finde eine bessere Lösung.

Argument: Eine Ferienarbeit stellt eine interessante Abwechslung zum Schulalltag dar.

Gegenargument: Im Regelfall müssen Schüler, wenn sie in den Ferien arbeiten, untergeordnete und meist uninteressante Tätigkeiten verrichten.

Argumentationsgefüge: Obwohl Ferienarbeit eine interessante Abwechslung zum Schulalltag darstellt, müssen Schüler, wenn sie in den Ferien arbeiten, untergeordnete und meist uninteressante Tätigkeiten verrichten.

Deine Verbesserung:

____

____

____

____

____

____

____

____

____

4.5 Zusammenhängend und sprachlich angemessen argumentieren

Um eine Argumentation wirklich überzeugend zu gestalten, ist es nötig, die einzelnen Argumente zu einer **zusammenhängenden** und **gedanklich geschlossenen Argumentation** zu verbinden. Eine auch **sprachlich zusammenhängende Argumentation** entsteht durch die Verwendung von **Verknüpfungswörtern**, sprachlichen Wendungen zur Verknüpfung und durch das **Herstellen von Rückbezügen** zum Thema.

1 Hier fehlt die gedankliche Verknüpfung. Verbessere den Text, den Satzbau wirst du kaum verändern müssen. In Aufgabe 2 findest du Verknüpfungsmöglichkeiten, die dir dabei helfen.

Thema: Ein fernsehfreier Tag in der Woche?

Ein fernsehfreier Tag in der Woche könnte den Blick auf andere wichtige Dinge lenken. Für soziale Kontakte bleibt oft kein Raum mehr. Das wäre an einem solchen Tag eine Alternative. Gespräche in der Familie könnten stattfinden. In vielen Familien kommen sie zu kurz. Man sitzt ja meist vor dem Fernseher.

2 Ergänze folgende Liste durch weitere Beispiele.

Verknüpfungswörter: erstens, zunächst, ebenfalls, weiterhin, zwar – aber, denn, ...

sprachliche Wendungen zur Verknüpfung: zunächst einmal ist zu bedenken, in besonderem Maße gilt dies, obwohl nicht verkannt werden darf, man darf auch nicht übersehen, besonders wichtig aber erscheint, ein zusätzlicher Gesichtspunkt ist auch, ein weiterer Aspekt ist, entscheidend ist jedoch

3 Hier werden Argumente, Beweise und Beispiele ohne jegliche gedankliche und sprachliche Verbindung aneinander gereiht. Setze aus dem folgenden Speicher von Verknüpfungswörtern die jeweils passenden ein.

Speicher:
schließlich – zunächst – beispielsweise – dabei – weiterhin – denn – hierdurch – so – dadurch – somit

These: Das Lesen muss mehr gefördert werden.

Schließlich ist das Lesen eine schöne und kurzweilige Freizeitbeschäftigung. Denn beim Lesen kann man sich entspannen, man kann von den Alltagsproblemen abschalten und die Zeit über einem spannenden Buch ganz vergessen.

Ich komme beispielsweise oft recht spät von der Schule nach Hause und bin dann noch nicht in der Lage Hausaufgaben zu erledigen. Dann kuschele ich mich auf mein Sofa und lese ein interessantes Buch.

Dabei schalte ich ab und erhole mich dabei von der Anstrengung des Unterrichts.

Weiterhin eröffnet das Lesen neue Welten und Vorstellungsbereiche.

Bücher berichten und erzählen oft von Ereignissen in fremden Ländern oder fernen Epochen. Sie versetzen dadurch den Leser in die Gedanken und Probleme anderer Personen. Der Leser kann sich so in seiner Fantasie andere, neue Lebenswelten vorstellen und erschließen.

Somit trägt das Lesen auch zur Allgemeinbildung bei.

Wer ein Buch liest, der erfährt hierdurch immer auch etwas über andere Länder oder Zeiten, über fremde Kulturen und ihm bisher unbekannte Ereignisse.

Ich lese gerade ein Jugendbuch, welches das Schicksal der Indianer in Amerika auf interessante Art zum Thema macht. Dadurch habe ich sehr viel über das Leben und die Kultur der Indianer erfahren.

Damit die einzelnen Gesichtspunkte deiner Argumentation in der Ausführung zu einer gedanklich in sich geschlossenen Darstellung verbunden werden, musst du bei der Verknüpfung von Argumentationsbestandteilen auf ihre **logische Verbindung** achten und diese sprachlich zum Ausdruck bringen.

4 Im folgenden Wortspeicher findest du eine Vielzahl von **Bindewörtern**. Ordne sie den unten stehenden Kategorien zu.

zudem, meist, darauf, folglich, dann, wohingegen, daher, außerdem, auch, zwar – aber, da, demnach, dagegen, weil, nicht nur – sondern auch, weiterhin, andererseits, nämlich, anschließend, obwohl, darum, auch, desgleichen, deshalb, denn, jedoch, dazu, aber, demzufolge, wenn, sofern, indessen, insofern als, also, andererseits, insoweit als, falls

Bindewörter, die **anreihen**: zudem, ... dann, auch, weiterhin, anschließend

Bindewörter, die **folgern**: folglich, ... demzufolge, also, nämlich

Bindewörter, die **begründen**: daher, ... da, deshalb, denn

Bindewörter, die einen **Gegensatz herstellen**: wohingegen, ... obwohl, andererseits

Bindewörter, die **einschränken**: zwar ... aber, ... nicht nur ... sondern auch,

5 Formuliere für die folgende Teilausführung passende sprachliche Verbindungen, indem du auf den Wortspeicher in Aufgabe 4 zurückgreifst oder eigene Überleitungen formulierst.

Thema: Sollte ein Jugendlicher einen eigenen Fernseher besitzen?
These: Ein eigener Fernseher ist für Jugendliche nicht sinnvoll.

Argument 1: Ein Fernseher ist eine teure Anschaffung.

Beweis: Auch ein kleines, einigermaßen brauchbares Farbgerät kostet mindestens 200 €, das ist eine ganze Menge Geld. ____________ der Jugendliche selbst hat meistens nicht so viel gespart.

Beispiel: Meine Freundin Denise hat ihr gesamtes Taschengeld von zwei Jahren für einen Fernseher geopfert. Sie musste ____________ auf viele andere Vergnügungen verzichten.

Argument 2: ____________ verleitet ein eigener Fernseher zu übermäßigem Fernsehkonsum.

Beweis: Der Jugendliche kann ____________ ohne Kontrolle der Eltern den Fernsehapparat in seinem Zimmer anstellen und stundenlang fernsehen. Dies ist ____________ weder für die Gesundheit noch für die Konzentrationsfähigkeit gut.

Beispiel: Viele meiner Freunde, die ein eigenes Gerät besitzen, lassen ____________ dieses fast den ganzen Tag über laufen, auch wenn sie Hausaufgaben machen oder Besuch haben. Ein eigener Fernseher ist ____________ nicht sinnvoll.

Gegenthese (Antithese): ____________ sprechen auch viele Argumente für einen eigenen Fernseher für junge Leute.

Argument 1: ____________________ besteht die Gefahr, dass Jugendliche zunächst zu viel fernsehen, ____________________ lernen sie durch den Besitz eines eigenen Fernsehgeräts auf lange Sicht auch den verantwortungsvollen Umgang mit diesem Medium.

Beweis: ____________________ die erste Begeisterung verflogen ist, merken die Jugendlichen sehr bald, dass ungezügelter Fernsehkonsum ihnen schadet, ____________________ sie von Hausaufgaben und anderen Verpflichtungen abgelenkt werden.

Beispiel: Meine Freundin Denise benutzt ihren Fernseher ____________________ nur noch ganz gezielt, wenn sie wirklich interessante Sendungen sehen will.

Argument 2: ____________________ hilft ein eigenes Fernsehgerät Jugendlichen Streit in der Familie zu vermeiden.

6 Schreibe im Anschluss an den folgenden Text die Verbindungswörter heraus und bestimme ihre Leistung innerhalb der Argumentation.

Thema: Sollten Jugendliche in einer politischen Partei mitarbeiten?

... Außerdem scheuen viele Jugendliche einfach den Zeitaufwand, den das Engagement in einer politischen Partei mit sich bringt.
Denn es ist dabei ja nicht damit getan, dass man ein- bis zweimal im Monat an einer Sitzung teilnimmt. Wenn man seine eigenen Interessen in einer Partei durchsetzen will, muss man sich über viele politische Themen und über das Parteiprogramm genau informieren.
Es geht also für junge Leute nicht nur darum, einige Abende nicht zur freien Verfügung zu haben, sondern man muss sich ständig auf dem Laufenden halten um überzeugend mitreden zu können.
Diesen Zeitaufwand kann ich ganz gut beurteilen, da mein Bruder seit Jahren in der Jugendorganisation einer Partei mitarbeitet. Obwohl es ihm natürlich auch Spaß macht, ist doch festzustellen, dass er mit der Zeitungslektüre oder dem Durcharbeiten von Parteiverlautbarungen und auch mit dem Ansehen politischer Fernsehsendungen einen Gutteil seiner Freizeit verbringt.

Beispiel:

außerdem : anreihend;

7 Hier findest du eine zusammenhängende Argumentation zum Thema „Erörtere die Ursachen der Ausländerfeindlichkeit in Deutschland“.
Um sie zu untersuchen, sollst du die Argumente unterstreichen und am Rand nummerieren.

Eine der Ursachen der Ausländerfeindlichkeit von Jugendlichen ist v.a. die im Osten Deutschlands seit der Wiedervereinigung aufgetretene Orientierungslosigkeit. Bis zur Wende boten sich den Jugendlichen im Osten sichere soziale Bindungen. Ausbildungsplätze, Freizeitgestaltung und Stellenwert der Jugend in der sozialistischen Gesellschaft waren genau geregelt, sicher und berechenbar. Seit dem Zusammenbruch der DDR sind für die Jugendlichen diese Bindungen entfallen und viele finden sich in dem für sie unbekannten und komplizierten System nicht mehr zurecht. Sie finden keinen Halt, suchen nach Ursachen für diese Entwicklung und nach neuen, einfachen Lösungsmustern. Da ist es nicht verwunderlich, wenn ausländerfeindliche Parolen auf fruchtbaren Boden fallen, weil sie einfache Erklärungsmöglichkeiten und anscheinend eindeutige Lösungen für diese Probleme bereitstellen. Neben den vereinigungsbedingten Ursachen hat die zunehmende Ausländerfeindlichkeit aber auch regional bedingte Gründe.
So führte eine Überbelastung einzelner Regionen durch Zuwanderer zu einer massiven Gegenwehr von Bürgern. Es gibt kleinere Gemeinden, in denen fast so viele Asylbewerber oder Aussiedler wie Einwohner untergebracht sind. Dies führt mitunter zu Ängsten und einer Abwehrhaltung gegenüber den Ausländern.
Die nicht immer genügend überdachte Standortwahl für solche Einrichtungen ist sicher auch mitverantwortlich für das Entstehen ausländerfeindlicher Tendenzen. In Rostock-Lichtenhagen hat man zum Beispiel das Asylantenauffanglager mitten in eine ohnehin sozial problematische Plattenbausiedlung verlegt.
Zusätzlich müssen auch politische Ursachen für dieses Phänomen in Betracht gezogen werden.
Wenn selbst Politiker der sogenannten „Mitte“ mit Parolen wie „Das Boot ist voll“ oder „Kampf gegen die Scheinasylanten“ um Wählerstimmen kämpfen, muss man sich nicht wundern, wenn ausländerfeindliche Tendenzen salonfähig gemacht werden.
Aber auch der seit der Wiedervereinigung neu belebte Nationalismus ist ein Nährboden für Ausländerfeindlichkeit. Die Aussage „Ich bin stolz darauf, ein Deutscher zu sein.“ wird Umfragen zufolge mittlerweile von fast einem Drittel der Jugendlichen unterstützt.

8 Trage in die folgende Tabelle die entsprechenden Textstellen in Kurzform ein.

Nr. des Arguments	Begründung (Beweis)	Beispiel	Art der Verknüpfung

9 Überlege dir jetzt, wo der Argumentationsgang unvollständig ist und welcher Argumentationsteil fehlt.

Unvollständiger Argumentationsgang/Begründung: ____________________

> Um eine Argumentation für jeden Leser überzeugend zu gestalten, ist ein **sachlicher Stil** wichtig. Umgangssprachliche Wendungen und polemisch-wertende Formulierungen sollten vermieden werden; die Darstellung des Sachverhalts sollte auch **sprachlich objektiv** sein.

10 Der folgende Argumentationsgang ist zwar sachlich richtig, aber sprachlich nicht angemessen formuliert.

a Unterstreiche zunächst die unangemessenen Formulierungen.

b Verbessere anschließend den Text, indem du in sachlichem Stil schreibst.

Thema: Sollten Jugendliche einen eigenen Fernseher besitzen?

Ein eigenes Fernsehgerät macht unabhängig von den Programmwünschen der Familie.
So muss man sich dann nicht ständig irgendwelchen Quatsch ansehen, der die Eltern oder Geschwister interessiert, nur damit man sich dann endlich als „Belohnung“ ein Musik-Video reinziehen kann. Meine Eltern stehen beispielsweise voll auf Schmalzfilme, die ich aber total ätzend finde. Also ist für mich fernsehmäßig der Samstagabend meist gelaufen. Ich muss entweder aus Rücksicht auf die Familie etwas sehen, was mir nichts bringt, oder ich muss eben ganz auf TV verzichten. Ein eigener Fernseher wäre deshalb eine starke Sache.

5. Die Erörterung schreiben

5.1 Die Einleitung schreiben

Die **Einleitung** hat die Aufgabe, das eigene Interesse am Thema zu begründen und die Aufmerksamkeit des Lesers zu wecken. Dies kann auf unterschiedliche Weise erreicht werden, z. B.
- durch ein persönliches Erlebnis,
- ein aktuelles Beispiel,
- eine historische Parallele,
- ein (evtl. provozierendes) Zitat,
- falls nötig auch eine Begriffsdefinition.

Diesem eigenständigen **Einleitungsgedanken** sollte nach einer knappen **Überleitung** der möglichst präzise formulierte **Arbeitsauftrag** folgen, den das Thema erfordert.
Tipp: Hier dürfen keine Argumente oder Beispiele, die in den Hauptteil gehören, vorweggenommen werden.

1 Die folgenden drei Beispiele zeigen dir typische Fehler, die beim Verfassen der Einleitung unterlaufen können.

a Vergleiche sie mit der Sachinformation und beschreibe die Art des Fehlers.

b Vergleiche sie mit der 4. Einleitung: Warum ist diese Einleitung besser gelungen?

Thema: Warum sollte ein junger Mensch ein Hobby pflegen?

1. Mein Hobby ist das Schlagzeugspielen. Dabei kann ich mich wunderbar entspannen und mir manchen Ärger von der Seele trommeln. Deshalb möchte ich erläutern, warum ein Jugendlicher ein Hobby haben sollte.

Fehler: ______________________________

____

2. Mein liebstes Hobby ist Fußballspielen. Am liebsten spiele ich mit meinen Klassenkameraden. Aber im Tor stehe ich nicht gerne. Das ist mir zu langweilig, außerdem halte ich nicht sehr gut und dann sind die anderen verärgert. Fußball hat eben auch seine Schattenseiten. Deshalb gilt es zu erörtern, warum ein junger Mensch ein Hobby pflegen sollte.

Fehler: ______________________________

____

3. Es gibt viele Gründe, die dafür sprechen, dass ein Jugendlicher sich mit einem Hobby beschäftigen sollte. Diese möchte ich nun erörtern.

Fehler: ______________________________

____

4. Ich verbringe seit langem viel Zeit mit meinem Hobby, dem Basteln von Modellflugzeugen. Viele meiner Freunde haben aber kein Hobby und können nicht verstehen, warum man sich überhaupt einem Hobby widmet. Deshalb stellt sich die Frage, weshalb ein junger Mensch ein Hobby pflegen sollte.

____

____

2 Hier folgt eine weitere richtig aufgebaute Einleitung. Beschreibe den Aufbau dieser Einleitung. Hinweise findest du in der Sachinformation auf S. 40.

Thema: Ist der Leistungssport in seiner heutigen Form noch vertretbar?

Einleitung:
Weltmeisterschaften, Olympische Spiele und nationale sportliche Großereignisse lenken immer wieder die Aufmerksamkeit des Publikums auf den modernen Leistungssport. Gerade im Zusammenhang mit solchen Großveranstaltungen wird aber von unterschiedlichen Seiten auch massive Kritik am Leistungssport geübt, bisweilen wird seine Berechtigung sogar ganz bestritten.
Daher soll im Folgenden erörtert werden, ob der Leistungssport in seiner heutigen Form noch vertretbar ist.

Aufbau:

---

3 Hier findest du verschiedene Einleitungen zu unterschiedlichen Themen. Um welche Art der Einleitung handelt es sich? Formuliere dann (sprachlich angeschlossen) jeweils eine Überleitung und anschließend die Themafrage.

Thema 1: Auch ein Urlaub im eigenen Land kann interessant sein.

Als unsere Mutter uns im letzten Frühjahr mitteilte, dass wir unseren Sommerurlaub auf Rügen, einer Insel in der Ostsee, verbringen würden, waren mein Bruder und ich zunächst maßlos enttäuscht. Alle unsere Freunde verreisten zumindest irgendwo ans Mittelmeer und wir sollten Urlaub in Deutschland machen? Letztlich hat uns dieser Urlaub aber sehr gut gefallen, ...

Art der Einleitung: ______

Nach den Statistiken der Reisebüros sind auch dieses Jahr die beliebtesten Reiseziele wieder Länder im Mittelmeergebiet wie die Türkei, Italien, Griechenland oder Spanien. ...

Art der Einleitung: ______

Noch in den 50er Jahren war ein Urlaub im Bayerischen Wald oder an der deutschen Nordsee ein ganz besonderes Ereignis. Heute gilt erst der etwas, der seinen Urlaub in möglichst exotischen Ländern oder doch zumindest im Ausland verbracht hat. ...

Art der Einleitung: ______

Thema 2: Sollten Jugendliche einem Sportverein beitreten?

Ich spiele sehr gerne Fußball und bin auch ansonsten sehr sportlich. Deshalb hat mir meine Mutter den Vorschlag gemacht einem Sportverein beizutreten. ...

____

____

____

Art der Einleitung: ______________________________

Thema 3: Hältst du es für sinnvoll, wenn Jugendliche einen eigenen Fernseher besitzen?

Noch vor einigen Jahrzehnten galt der Besitz eines Fernsehgerätes als etwas Besonderes. Heute steht in fast jedem deutschen Haushalt ein Fernseher, ja selbst in den Kinderzimmern ist dieses Gerät längst keine Seltenheit mehr. ...

____

____

____

Art der Einleitung: ______________________________

Thema 4: Mädchen oder Junge: Wer hat es heute leichter?

„Ich bin so froh, dass ich ein Mädchen bin" – so lautet die Titelzeile eines Songs aus dem Jahr 1994, der mir sehr gut gefällt. ...

____

____

____

Art der Einleitung: ______________________________

4 Wähle dir aus früheren Lernschritten ein Thema aus und formuliere in diesem Thema mindestens zwei verschiedene Einleitungen.

5.2 Im Hauptteil zwischen These und Antithese abwägen

Die Hauptaufgabe bei einer dialektischen Erörterung ist es, nachdem mögliche Argumente für die These und die Antithese ausgeführt wurden, in einer möglichst objektiv abwägenden Weise in der **Synthese** zu einem **begründeten Ergebnis** zu kommen.
Dabei ist zu beachten, dass hier logischerweise die These nicht einfach wiederholt werden kann: Die **Argumente** der **Antithese** (Gegenthese) müssen entsprechend **berücksichtigt** und gewürdigt **werden**.
Dies kann in Form eines Kompromisses geschehen; es ist jedoch auch möglich, dass die Position, die man eher unterstützt (im Sinne des Steigerungsprinzips: die These), zumindest relativiert wird (z. B. „falls folgende Bedingungen gegeben sind").

Zur These „Klassenfahrten, die mit einem Schulskikurs verbunden sind, sind eine sinnvolle Einrichtung." hast du bereits an früherer Stelle (S. 11) Argumente gesammelt.
Nun gibt es sicher auch gewichtige Argumente für die Gegenthese:
„Klassenfahrten, die mit einem Schulskikurs verbunden sind, bringen aber auch Nachteile mit sich."

Gegner einer solchen Veranstaltung äußerten sich z. B. so:
- eine Schülermutter: „Allein die Kosten für die Skiausrüstung übersteigen unsere Möglichkeiten."
- ein Lehrer: „Da fällt ja dann eine Woche Unterricht aus, wie soll ich in diesem Fall mit meinem Pensum fertig werden?"
- ein Vater: „Wenn ich allein an das Verletzungsrisiko denke, bin ich strikt dagegen."
- eine Schülerin: „Die Alpen werden doch durch die Skifahrer sowieso schon arg belastet. Liftspuren, Abholzung von Wäldern für neue Pisten, die Zerstörung der Grasmatten und damit steigende Lawinengefahr sind die Folgen. Das sollte in der Schule nicht noch gefördert werden."

1 Welche weiteren Gegenargumente lassen sich anführen?

z. B. der Direktor der Schule: ______________________

____

____

____

z. B. ein unsportlicher Schüler: ______________________

____

____

____

z. B. .... ______________________

____

____

____

2 Überlege dir, welche Argumente diese Äußerungen beinhalten. Formuliere sie in knapper Form nach folgendem Beispiel.

1. Ein Skikurs verursacht hohe Kosten. (Schülermutter)
2. ______________________
3. ______________________
4. ______________________
5. ______________________
6. ______________________
7. ______________________

Das Thema lautet aber nun: „Hältst du Klassenfahrten, die mit einem Skikurs verbunden sind, für eine sinnvolle Einrichtung?“
Das heißt, es wird von dir, wie in der Sachinformation (S. 42) beschrieben, eine Entscheidung gefordert. Du musst nun die Themafrage beantworten.

3 Du findest hier vier Abwägungen (= Synthesen) zu diesem Thema.

a Unterstreiche Textstellen, in denen die Abwägung auf die Gegenargumente eingeht.

b Beurteile, ob eine begründete Abwägung vorliegt.

c Welche findest du besonders überzeugend?

1. Skikurse, die von Schulen veranstaltet werden, weisen somit wesentliche Nachteile auf. Auf den ersten Blick scheinen sie in der heutigen Zeit angesichts der Einwände kaum noch vertretbar zu sein. Da sie andererseits für die Schüler viele Vorteile mit sich bringen, sollte man sich vor der Durchführung genau überlegen, unter welchen Bedingungen sie beibehalten werden können.
   Auch Schülern aus sozial schwächeren Familien muss die Teilnahme ermöglicht werden, indem z. B. die Skiausrüstung von der Schule gestellt wird oder finanzielle Hilfen gewährt werden.
   Zudem sollte sichergestellt werden, dass auf die Erziehung zu umweltgerechtem Verhalten großer Wert gelegt wird. Beispielsweise sollten auch gute Skifahrer nicht abseits der Pisten fahren dürfen und bei einer zu geringen Schneeauflage sollte zugunsten der Umwelt auf das Skifahren völlig verzichtet werden.
   Falls diese Bedingungen gegeben sind, können meiner Meinung nach Skikurse auch weiterhin durch Schulen durchgeführt werden.

   Beurteilung: ______________________________

   ____

   ____

2. Insgesamt ist also zu erkennen, dass Klassenfahrten mit einem Skikurs eine äußerst interessante und sportliche Art einer schulischen Gemeinschaftsveranstaltung sind. Die genannten Gegenargumente fallen demgegenüber überhaupt nicht ins Gewicht. Daher bin auch ich uneingeschränkt für eine solche Art der Klassenreise.

   Beurteilung: ______________________________

   ____

   ____

3. Aus den genannten Argumenten ist zu ersehen, dass Klassenfahrten mit einem Skikurs keine sinnvolle Einrichtung sind. Der Unterricht fällt aus, Schüler können sich verletzen, Skifahren belastet die Umwelt und ist zudem noch teuer. Man sollte also im Rahmen schulischer Veranstaltungen darauf verzichten.

   Beurteilung: ______________________________

   ____

   ____

4. Wenngleich diese Art der Klassenfahrten also durchaus Vorteile aufweist, so hat sich doch gezeigt, dass die Nachteile überwiegen. Besonders ins Gewicht fällt meiner Meinung nach der umweltbelastende Aspekt beim Skifahren. Die Schule sollte aber auch und gerade zum umweltbewussten Handeln erziehen. Deshalb halte ich Klassenfahrten zum Skifahren insgesamt für keine sinnvolle Einrichtung. Die Vorteile einer Klassenfahrt können auch ohne einen Skikurs erreicht werden. Gerade bei gemeinsamen Wanderungen könnte man zudem diese angenehmen Seiten mit Einblicken in das Funktionieren der Natur und in bereits bestehende Naturschäden verbinden und so das Bewusstsein der Schüler dafür stärken. Wer Skifahren will, der soll das privat tun.

   Beurteilung: ____

   ____

   ____

4 Schreibe zu folgenden Themen eine Synthese in dein Heft oder auf ein Blatt.

a Gliedere zunächst (vgl. Schema, S. 14).

b Formuliere deine Synthese aus.
Du kannst dazu auf frühere Arbeitsergebnisse zurückgreifen.

Thema 1: Sind Auslandsfahrten in höheren Klassen sinnvoll? (vgl. S. 3).

Thema 2: Sollten Schüler einen eigenen Fernseher besitzen? (vgl. S. 9, These 3).

5.3 Den Schluss schreiben

Nachdem die Themafrage in der Synthese beantwortet wurde, **rundet** der **Schluss** den **Gedankengang** der Erörterung **ab**. Dies kann geschehen, indem z. B.
- das Ergebnis knapp zusammengefasst (v.a. bei der linearen Erörterung),
- ein Ausblick auf die Zukunft gewagt,
- ein persönlicher Wunsch geäußert,
- eine Forderung erhoben
- oder auf ein ähnliches Problem verwiesen wird.

Ungeschickt wäre es, hier noch Argumente anzuführen, die in den Hauptteil gehört hätten. Sinnvoll ist es hingegen, auf den Einleitungsgedanken zurückzukommen und diesen aufgrund der gewonnenen Erkenntnisse fortzuführen und abzuschließen.

1a Um welche der in der Sachinformation genannten Schlussvarianten handelt es sich bei den folgenden Beispielen?

b Verfasse anschließend jeweils einen eigenen Schluss, indem du eine andere Schlussvariante wählst.

Thema: Hältst du Klassenfahrten, die mit einem Skikurs verbunden sind, für eine sinnvolle Einrichtung?

Nachdem sich meine Klasse nach heftigen Diskussionen zwischen Befürwortern und Gegnern von Schulskikursen doch entschlossen hat, auf diese Veranstaltung zu verzichten und stattdessen eine andere Klassenfahrt durchzuführen, sind wir alle schon wieder eifrig dabei zu planen und hoffen, dass wir eine Alternative finden, mit der möglichst alle einverstanden sind.

Art: ____________________

Meine Variante: ____________________

____

____

____

Thema: Warum sollte ein junger Mensch ein Hobby pflegen?

Es hat sich also gezeigt, dass ein Hobby eine interessante und abwechslungsreiche Möglichkeit ist, sich zu beschäftigen und zu entspannen. Es gibt sogar Leute, denen ihr Hobby so viel Spaß bereitet, dass sie es zu ihrem Beruf gemacht haben.

Art: ____________________

Meine Variante: ____________________

____

____

____

Thema: Junge oder Mädchen: Wer hat es heute leichter?

Ich bin wirklich froh, dass ich ein Mädchen bin, wenngleich sich gezeigt hat, dass wir Mädchen es bestimmt nicht leichter als Jungen haben. Es ist sicher nötig, dass Eltern, Lehrer und die gesamte Gesellschaft die Chancengleichheit von Mädchen und Jungen, bzw. später von Mann und Frau, noch konsequenter fördern. Aber auch wir Mädchen wollen selbst unseren Teil dazu beitragen, indem wir uns von den Jungs nicht „unterkriegen" lassen.

Art: ____________________

Meine Variante: ____________________

____

____

2 Vergleiche folgende Schlussvarianten zu den gleichen Themen. Welche gefällt dir am besten? Begründe deine Meinung.

Thema: Sollte ein Jugendlicher einen eigenen Fernseher besitzen?

A In Zukunft wird wohl in fast allen Jugendzimmern ein Fernseher zur üblichen Ausstattung gehören. Angesichts der aktuellen Entwicklung auf dem Computermarkt wird man sich dann eher die Frage stellen müssen, ob bereits Jugendliche einen eigenen Computer besitzen sollten.

B Ich werde mir zum Geburtstag aber wohl kein eigenes Fernsehgerät wünschen, denn ich betreibe so zahlreiche andere Freizeitaktivitäten, dass ich es sicher nur selten nutzen würde. Es wäre auch zu wünschen, dass sich die Eltern von Jugendlichen mehr mit ihren Kindern beschäftigen und ihnen andere Möglichkeiten der Freizeitgestaltung zeigen würden, dann wäre der Wunsch nach einem eigenen Fernseher für diese sicher nicht so wichtig.

Mir gefällt die Schlussvariante __________ besser, weil ... ______________________________________

____

____

Thema: Sollte ein Jugendlicher einem Sportverein beitreten?

A Leider klagen viele Sportvereine über Nachwuchsmangel. Gerade für Sportarten, die kein großes Medieninteresse auf sich ziehen, entscheiden sich nur wenige Jugendliche. Dieses Problem zeigt sich in ähnlicher Weise bei Parteien, Gewerkschaften und kirchlichen und sozialen Organisationen. Auch die Sportvereine sollten sich also um eine attraktive Jugendarbeit bemühen.

B Obwohl ich mir der möglichen Einwände durchaus bewusst bin, hat sich für mich die Frage, ob ich in einen Sportverein eintreten soll, eigentlich noch nie gestellt. Ich bin seit meinem sechsten Lebensjahr Mitglied in einem Sportverein, in dem ich Kunstradfahren betreibe, und das macht mir nach wie vor großen Spaß.

C Mein Freund Thomas hat mich gefragt, ob ich nicht Mitglied in seinem Fußballklub werden möchte. Nachdem ich mir nun die Vor- und Nachteile einer Mitgliedschaft in einem Sportverein überlegt habe, glaube ich, dass ich nicht eintreten werde. Denn Fußballspielen kann ich auch ohne Verein, auch mit Thomas und meinen anderen Freunden. Mir persönlich ist die Verpflichtung zu regelmäßigem Training einfach zu viel.

Mir gefällt die Schlussvariante __________ besser, weil ... ______________________________________

____

____

3 Hier folgt ein missglückter Schluss. Begründe, warum dieser Schluss nicht gelungen ist. Als Hilfestellung kannst du noch einmal die Sachinformation auf S. 45 lesen.

Thema: Ist der Leistungssport in seiner heutigen Form noch zu befürworten?

Insgesamt ist also der Leistungssport nach wie vor zu befürworten. Bei zahlreichen Vereinen zeigt sich, dass erst durch die erfolgreiche Teilnahme von Mannschaften an nationalen und internationalen Wettkämpfen die Attraktivität des Gesamtvereins gestiegen ist und viele neue Mitglieder gewonnen werden können. Das entscheidende Argument für den Leistungssport in seiner heutigen Form ist somit, dass er auch dem Breitensport nützt und deswegen wie bisher gefördert werden sollte.

Begründung: ____

____

Alternative: ____

____

____

____

____

____

____

4 Wähle dir ein Thema aus früheren Lernschritten aus und verfasse dazu zwei verschiedene Schlussvarianten.

6. Zusammenfassung: Das solltest du über die Erörterung wissen

Aufbau: Eine Erörterung gliedert sich stets in drei Hauptteile:

A Einleitung:
Sie enthält einen eigenständigen Gedankengang und führt nach einer knappen Überleitung zur eigentlichen Themafrage hin.
Vermeide es unbedingt, in der Einleitung bereits Argumente des Hauptteils vorwegzunehmen.

B Hauptteil:
Im Hauptteil wird die eigentliche Argumentation entwickelt.
Lineare Erörterung: die verschiedenen Aspekte des Themas;
Dialektische Erörterung: gegliedert nach Antithese (Gegenthese) – These – Synthese.
Verbinde die einzelnen Argumente zu einem logisch nahtlosen Ganzen (logische Verbindungen, Überleitungen, Verbindungswörter und -floskeln, Rückbezüge).

C Schluss (Abrundung des Themas, Ausklang):

Ausführung:

- Die Gliederung und somit auch der ganze Aufsatz sollte steigernd aufgebaut sein.
  Achte auch bei der dialektischen Erörterung darauf, dass zwischen Antithese und These ein Steigerungsverhältnis besteht (das hängt vom Inhalt der Synthese ab: Die These sollte die Position sein, die du in der Synthese stärker befürwortest).

- Die Gliederung sollte vollständig ausgeführt werden, d.h. zu ihr gehören nicht nur die Argumente, sondern auch Einleitung, Themafrage, Schluss.

- Verwende niemals die gleichen Argumente pro und contra, Argumente der Gliederung dürfen sich nicht widersprechen.

- Die Gliederung sollte durchgängig und einheitlich entweder in Stichwörtern oder in ganzen Sätzen abgefasst werden.

- Die Gliederung muss auch ohne die Ausführung verständlich und aussagekräftig sein.

- In der Ausführung werden alle Gliederungspunkte in der gleichen Reihenfolge wie in der Gliederung behandelt, die einzelnen Abschnitte werden nur durch Beispiele und Belege deutlicher und anschaulicher, d.h. es ist im Zweifelsfall besser, eine relativ straffe Gliederung sachgemäß auszuführen als eine sehr umfangreiche Gliederung lediglich noch einmal zu wiederholen.

- Nach jedem Gliederungspunkt sollte der Aufsatz mit einer neuen Zeile beginnen.

- Vermeide gespreizt und steif wirkende Regiebemerkungen („Ich werde jetzt ...“, „Nachdem ich ..., will ich jetzt ...“).

7. Übungsthemen

I. Schule

1. Sollte das Aufsatzschreiben als Klassenarbeit abgeschafft werden?
2. Welche Gründe sprechen für, welche gegen die Durchführung von Schulskikursen?
3. Welche Möglichkeiten siehst du als Schüler das Schulleben mitzugestalten?
4. Sind Noten im Fach Sport sinnvoll?
5. Was erwartest du von einer guten Schülerzeitung?

II. Sport

6. Worin siehst du heute noch den Sinn Olympischer Spiele?
7. Sollte der Spitzensport weiterhin gefördert werden?
8. Sollten im Fach Sport die Noten abgeschafft werden?

III. Medien

9. Schadet das Fernsehen den Kindern?
10. Ist das Fernsehen schuld an der zunehmenden Gewaltbereitschaft der Jugendlichen?
11. Briefe schreiben ist seit den neuen Möglichkeiten der Textübermittlung eine sterbende Kunst. Könnte man nicht ganz darauf verzichten?
12. Unlängst hat ein Wissenschaftler angesichts der Möglichkeiten moderner, computergestützter Textübermittlung das Ende des gedruckten Wortes vorausgesagt. Wie beurteilst du die Chancen des gedruckten Wortes?
13. Das Buch oder der Film zum Buch, wofür würdest du dich entscheiden?
14. Immer wieder wird beklagt, dass die Deutschen zu wenig lesen. Was spricht für das Lesen?
15. Viele Schüler sehen die Beschäftigung mit Werken der klassischen deutschen Literatur als nicht mehr zeitgemäß an. Wie stehst du zu diesem Problem?
16. Welche Überlegungen sollten die Auswahl einer Klassenlektüre bestimmen?
17. Theater wozu? Fernsehen ist viel spannender! Erörtere die unterschiedlichen Möglichkeiten beider Medien.
18. Ist es zu empfehlen, ein Jugendabonnement im Theater zu buchen?
19. Kommunale Schauspielbühnen verschlingen immense Summen an Subventionen. Sollte man diese nicht streichen?
20. Sollte man regelmäßig eine Tageszeitung lesen?
21. Jugendzeitschriften stellen nach wie vor einen boomenden Markt dar. Welche Gründe sind für die Beliebtheit dieser Zeitschriften ausschlaggebend?
22. Was erwartest du von einer guten Jugendzeitschrift?
23. Hältst du es für sinnvoll, dass Schüler einen Computer besitzen?
24. Computerspiele sind bei Jugendlichen sehr beliebt. Erörtere die Gründe dafür und beziehe Stellung.

IV. Urlaub/Freizeit

25. Reisen bildet. Beziehe Stellung zu dieser Aussage.
26. Viele deutsche Urlauber zieht es ins Ausland, gleichzeitig ist Deutschland ein begehrtes Urlaubsland. Welche Gründe sprechen für, welche gegen einen Urlaub im eigenen Land?
27. Ist der moderne Massentourismus heute noch vertretbar?
28. Sollten Jugendliche einem Sportverein beitreten?
29. Warum sollte ein junger Mensch ein Hobby pflegen?
30. Warum kannst du dein Hobby auch anderen Jugendlichen empfehlen?
31. Ist es sinnvoll, wenn Jugendliche ihren Urlaub ohne die Eltern verbringen?

V. Politik

32. Was spricht für, was gegen die Mitgliedschaft Jugendlicher in einer Partei?
33. Alle Parteien klagen über Nachwuchsmangel. Worin siehst du die Ursachen des fehlenden politischen Engagements Jugendlicher?
34. Politikverdrossenheit ist zu einer vielbeklagten Erscheinung der deutschen Nachkriegsdemokratie geworden. Erörtere die Ursachen dieses Phänomens und zeige die möglichen Folgen auf.
35. Viele Politiker versprechen den öffentlichen Personennahverkehr attraktiver zu gestalten um den Autoverkehr einzudämmen. Was ist dazu nötig?
36. Deutschland – ein ausländerfeindliches Land?
37. „Autofreie Städte" – so lautet ein Konzept vieler Stadtplaner. Erörtere die Vorteile dieses Konzeptes und zeige die damit verbundenen Probleme auf.
38. Erörtere die Ursachen für ausländerfeindliche Tendenzen in Deutschland und zeige auf, welche Möglichkeiten bestehen diesen entgegenzuwirken.
39. Sollten Jugendliche einer politischen Partei beitreten?

VI. Umwelt

40. Umweltschutz wird von einer überwiegenden Mehrheit der Bundesbürger als notwendig akzeptiert. In Wirklichkeit geht es häufig noch wenig umweltfreundlich zu. Erörtere wesentliche Gründe dafür.
41. Der Umweltschutz gehört heute unbestritten zu den zentralen Aufgaben der Politik und der Gesellschaft. Erörtere wesentliche Gründe für die Notwendigkeit eines verbesserten Umweltschutzes und Möglichkeiten ihn zu praktizieren.
42. Jeder redet über die Umweltverschmutzung. Was kann der Einzelne dagegen tun?
43. Welche Gründe sprechen für den Eintritt in eine Umweltschutzgruppe?
44. „Greenpeace" ist eine der bekanntesten und umstrittensten Umweltschutzgruppen, da sie auch Rechtsverletzungen in Kauf nimmt um dem Umweltschutz zu seinem Recht zu verhelfen.
    Ist es deiner Meinung nach gerechtfertigt, auch illegale Mittel zu gebrauchen um unsere Umwelt zu schützen?
45. Sollte aus umweltpolitischen Gründen ein allgemeines Tempolimit auf den deutschen Autobahnen eingeführt werden?
46. Sollte in Wohngebieten generell Tempo 30 gelten?
47. Wie könnte der ÖPNV (Öffentlicher Personen-Nahverkehr) attraktiver gestaltet werden?

VII. Männer und Frauen

48. Wie beurteilst du die etwaige Einführung des Wehrdienstes für Frauen?
49. Zeige auf, dass auch heute noch von einer Benachteiligung der Frau in Gesellschaft und Politik gesprochen werden kann.
50. „Frauen sollten sich der Familie widmen, nicht dem Beruf!" Wie beurteilst du diese Aussage?
51. Sind die Frauen heute gleichberechtigt?
52. „Lieber Frauen vorn als Männer überall" lautete ein Wahlkampfslogan der Grünen 1994. Wie beurteilst du diese Forderung?
53. Was hältst du von der Forderung eines „Sozialen Jahres" für junge Frauen und Männer?
54. „Kind und Beruf!" So lautet eine der Forderungen der Frauenbewegung. Welche Maßnahmen müssten dazu deiner Meinung nach ergriffen werden?

VIII. Jugend

55. Geht es der Jugend heute besser als früheren Generationen?
56. Gewaltbereitschaft bei Jugendlichen. Erörtere die Ursachen dieses Phänomens und umreiße mögliche Gegenstrategien.
57. Welche Überlegungen sollte ein junger Mensch vor seiner Berufswahl anstellen?
58. Tut unsere Gesellschaft genug für die Jugend?
59. Welche Forderungen stellst du an eine jugendfreundliche Stadt?

IX. Beruf

60. „Hauptsache, man verdient viel Geld!“ Was hältst du von dieser Leitlinie zur Berufswahl?
61. Was erwartest du von einer guten Berufsberatung?
62. Welche Überlegungen sollten einen Jugendlichen bei seinem Berufswunsch leiten?
63. Ist es sinnvoll, sich durch Ferienarbeit auf die Berufswelt vorzubereiten?
64. „Die beste Vorbereitung auf den Beruf ist die Schule.“ Nimm Stellung zu dieser Behauptung.

X. Werte/Normen

65. Was hältst du von der Forderung nach einem Menschenrecht auf den „Gnadentod“ für unheilbar Kranke? Begründe deine Meinung.
66. Nimm Stellung zum Sinn von Anstands- und Höflichkeitsregeln in unserer Zeit.

XI. Lebensformen

67. Ist unsere Gesellschaft kinderfeindlich?
68. Immer mehr Paare in Deutschland entscheiden sich für ein Leben ohne Kinder. Welche Ursachen hat diese Entscheidung? Welche Folgen ergeben sich daraus? Welche Möglichkeiten gibt es, es wieder attraktiver und selbstverständlicher zu machen, dass Paare sich für Kinder entscheiden?
69. Single oder Familie? Für welche Lebensform würdest du dich heute entscheiden?
70. Welche Vorteile, welche Nachteile bietet das Leben in einer Großstadt?
71. Würdest du lieber in einer Großstadt oder in einem Dorf leben?

XII. Drogen

72. Sollte man Werbung für Zigaretten verbieten?
73. Die Drogenabhängigkeit Jugendlicher nimmt in Deutschland stetig zu. Erörtere die Ursachen und zeige mögliche Gegenmaßnahmen auf.